Aventura en el Amazonas

por Layne deMarin

I0883829

Tabla de contenidos

Consultora:
Adria F. Klein, Ph.D.
California State University, San Bernardino

capstone
classroom
Heinemann Raintree • Red Brick Learning
division of Capstone

¿Qué es una selva tropical?

Bienvenidos a la **selva tropical**. Aquí llueve todo el año. La mayoría de las selvas tropicales están cerca del **ecuador**. Aquí el clima es muy cálido y húmedo.

Este es el **río Amazonas**. Se encuentra en la selva tropical del Amazonas en América del Sur. La selva tropical del Amazonas es la selva tropical más grande del mundo.

Plantas de la selva tropical

En la selva tropical las plantas crecen en todas partes. A las plantas les encanta el **clima** cálido y húmedo. Ese es el lugar donde crecen mejor.

Todas estas plantas dan sombra. En algunas partes de la selva tropical está muy oscuro. Las plantas que crecen en la sombra necesitan poca luz del sol para vivir.

Los árboles son las plantas más altas de la selva tropical. Algunos de los árboles de la selva tropical pueden llegar a medir más de 100 pies (30.5 metros) de altura.

Otras plantas de la selva tropical crecen en los árboles. Hay flores como las **orquídeas** que crecen en las ramas de los árboles. Las flores llamadas orquídeas existen en muchos colores y tamaños. Las **lianas** son enredaderas, plantas que se enroscan alrededor de los árboles. Las enredaderas trepan por los troncos de los árboles en busca de la luz del sol.

orquídeas

lianas

Animales de la selva tropical

En la selva tropical viven muchos animales. Unos son pequeños. Otros son grandes. Unos viven abajo, en el suelo. Otros viven arriba, en los árboles. Este capibara vive en el suelo.

Estos animales viven en los árboles.
La guacamaya roja es un ave con plumas de colores brillantes.
La boa esmeralda tiene casi el mismo color de las hojas de los árboles.

guacamaya roja

boa esmeralda

Los perezosos también viven en los árboles. Ellos comen hojas y trepan muy despacio por las ramas de los árboles en busca de alimento.

Los monos también son buenos trepadores.
Este mono ruidoso da aullidos muy fuertes.
Se llama mono aullador.

Gente que vive en la selva tropical

La gente también vive en la selva tropical.
Ellos construyen sus casas usando árboles y otras plantas.

Ellos construyen canoas para transportarse por los ríos. Es difícil construir caminos a través de todas las plantas de la selva tropical.

Los árboles altos que crecen en la selva tropical son buenos para la construcción. Algunas personas se preocupan y piensan que no es bueno cortar los árboles. Los árboles son importantes para el **ecosistema** de la selva tropical.

Una selva tropical es una clase de ecosistema muy especial.
Hace que nuestro mundo sea un lugar bello y saludable para vivir.

Glosario

clima el tiempo atmosférico de un área en particular

ecosistema todas las plantas y animales que habitan en un área

ecuador una línea imaginaria que se traza alrededor de la Tierra y la divide por la mitad

liana una clase de enredadera

orquídea una clase de flor

río Amazonas río en América del Sur; uno de los más grandes del mundo

selva tropical un bosque espeso donde llueve todo el año